AGENDA

D1718294

Ce carnet appartients à:

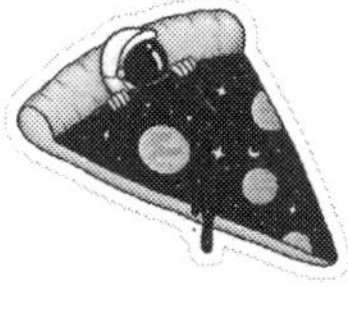

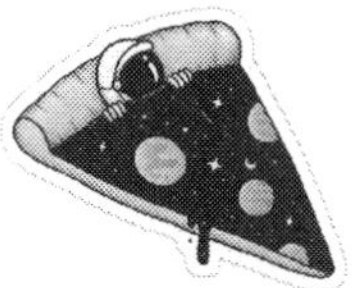

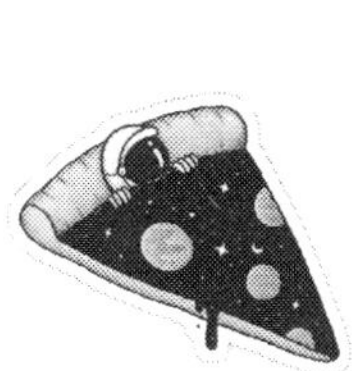

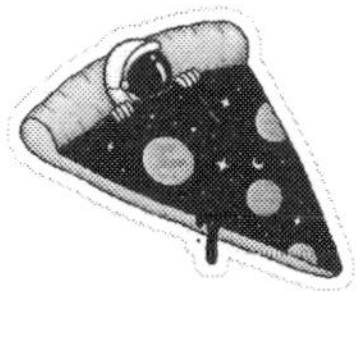

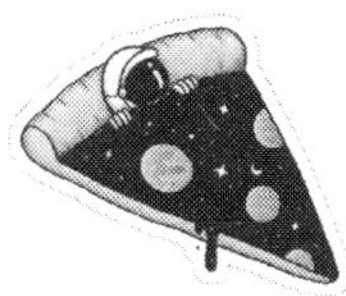

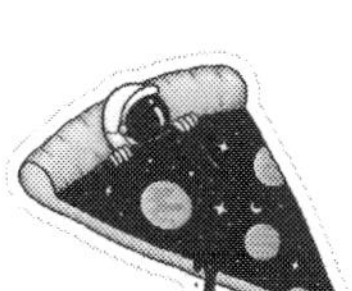

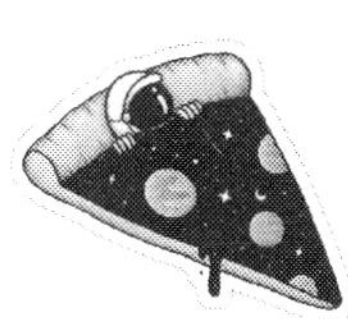

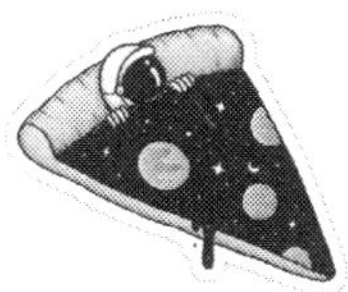

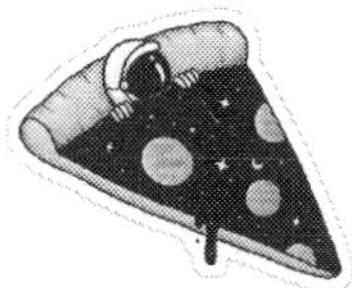

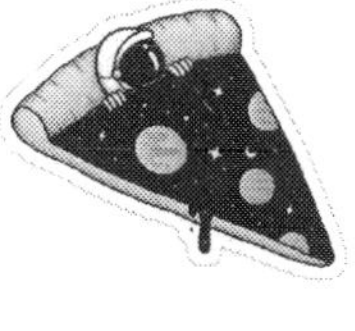

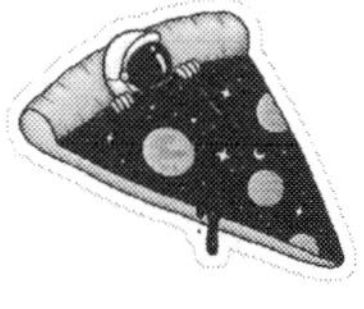

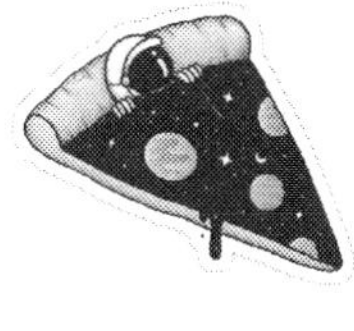

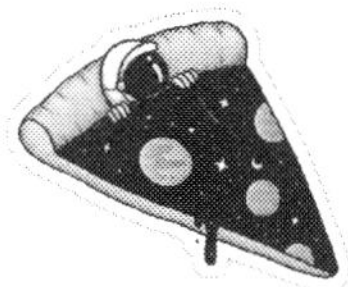

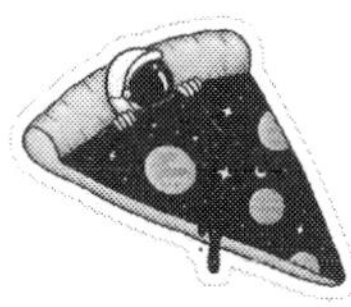

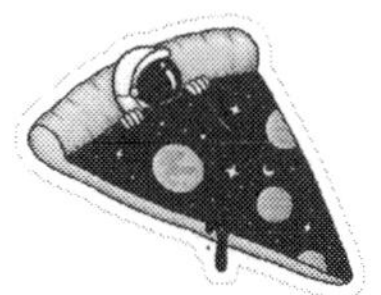

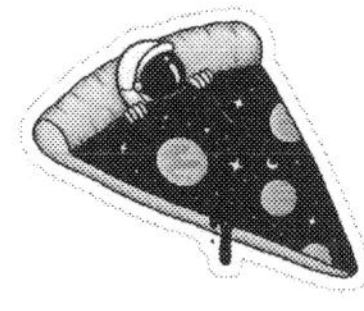

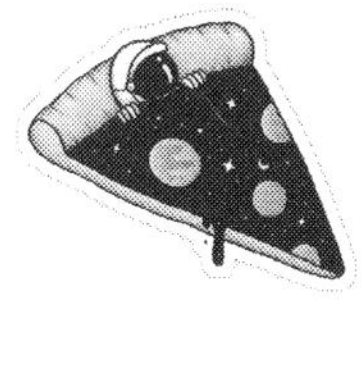

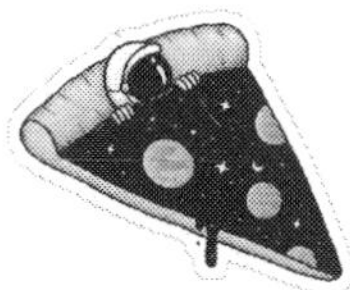

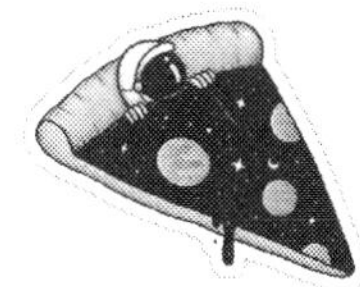

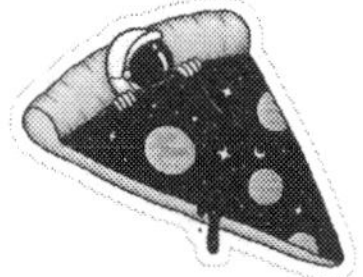

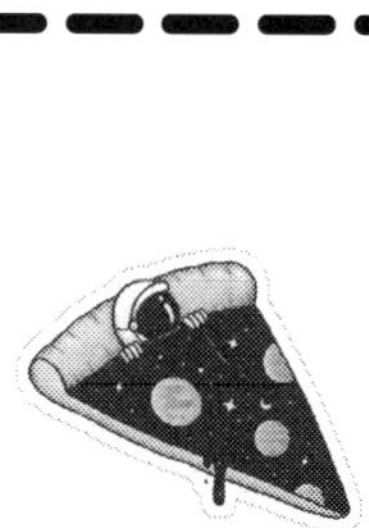

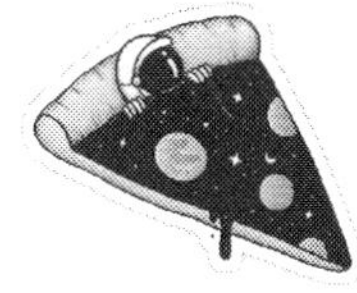

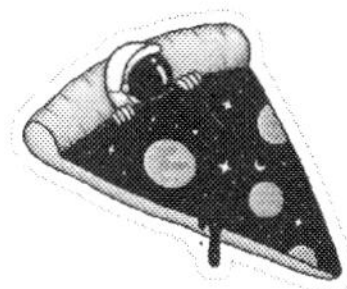

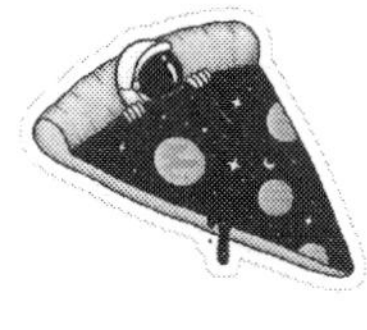

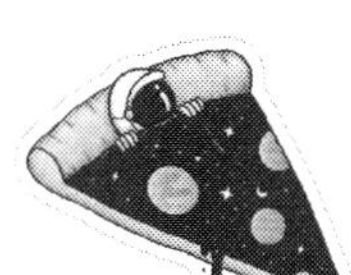

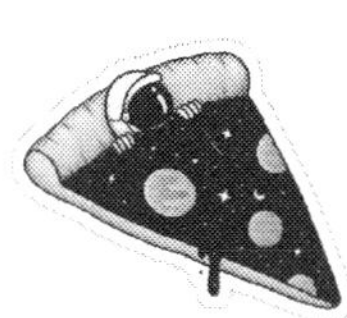

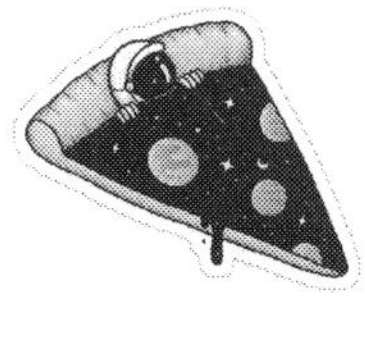

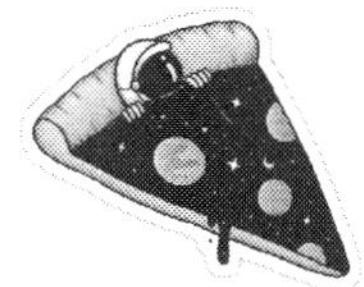

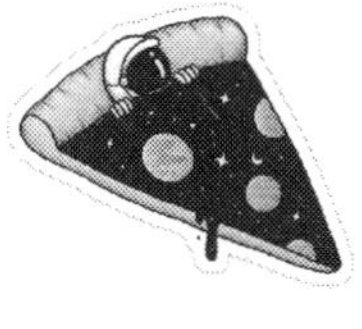

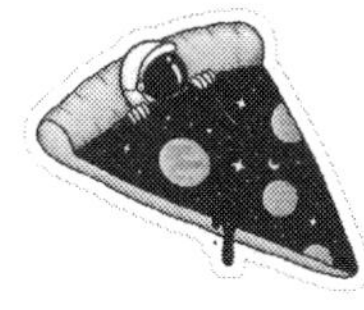

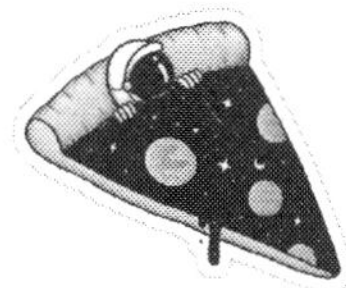

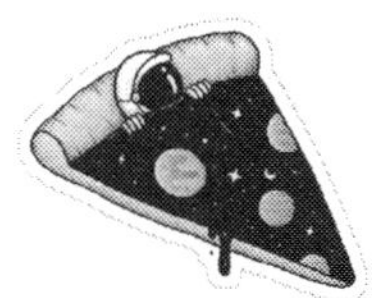

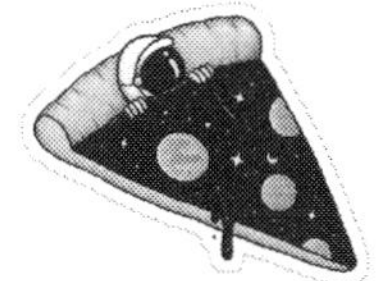

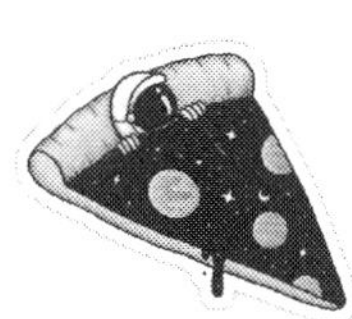

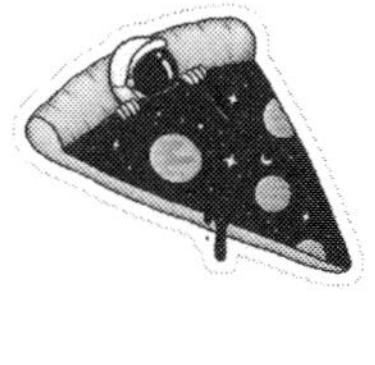

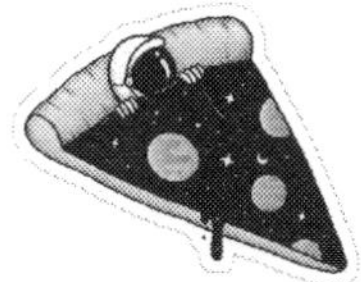

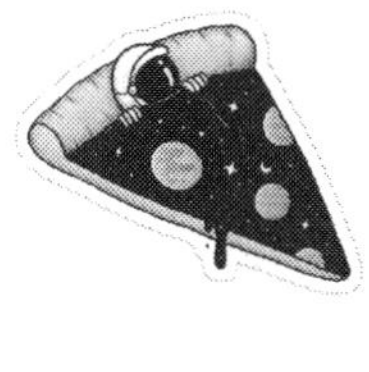

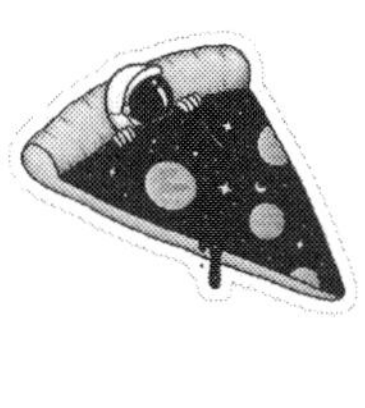

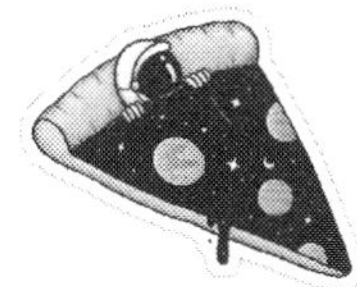

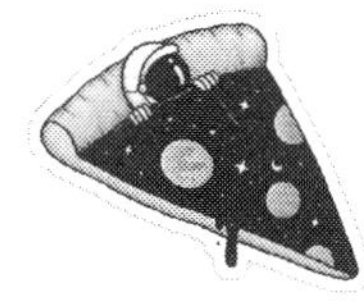

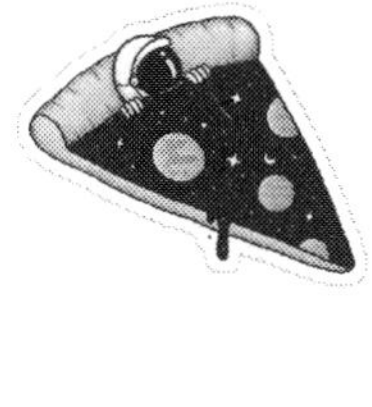

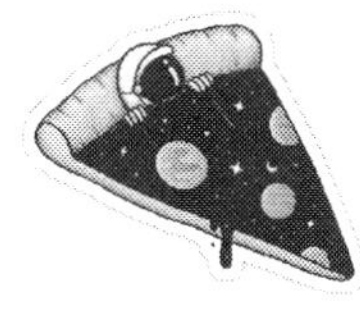

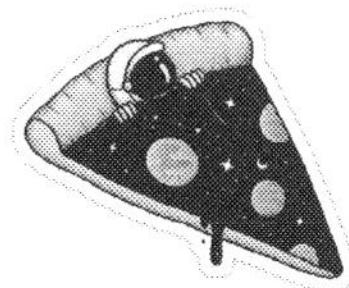

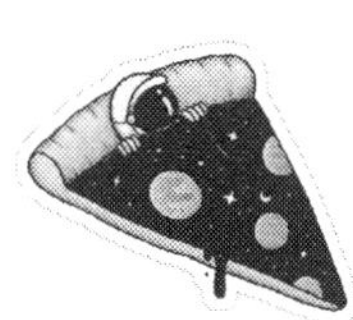

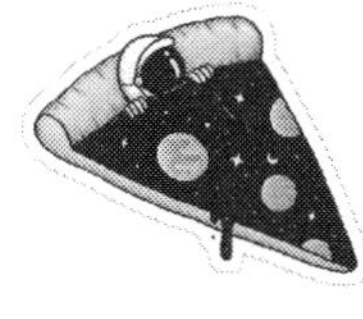

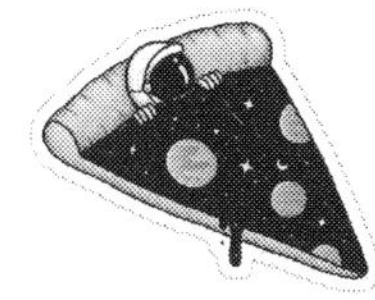

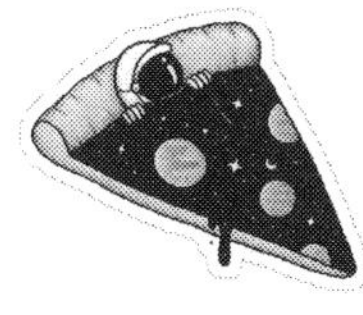

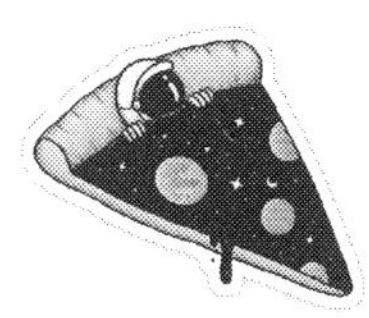

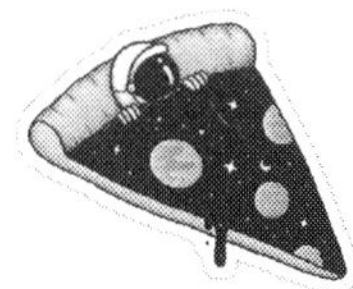

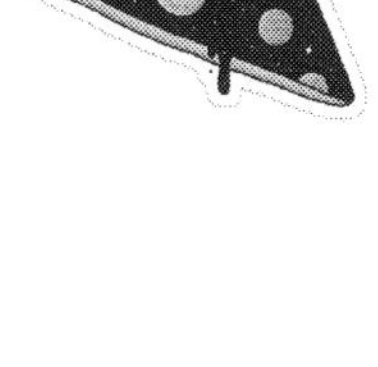

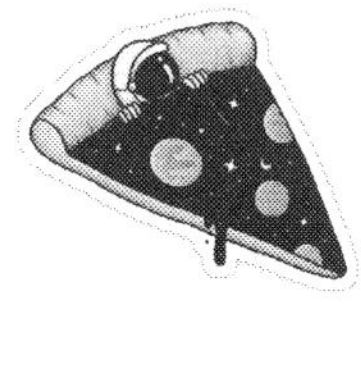

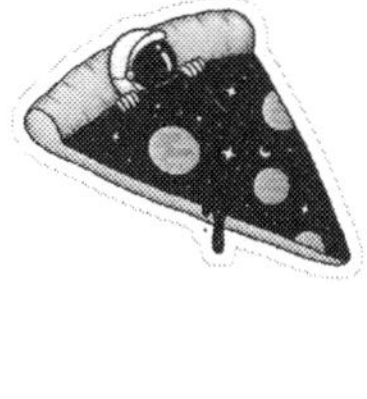

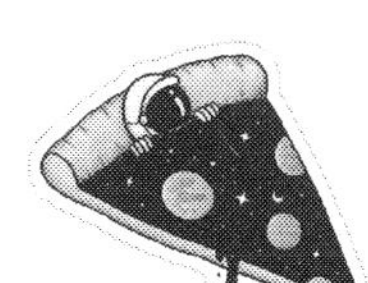

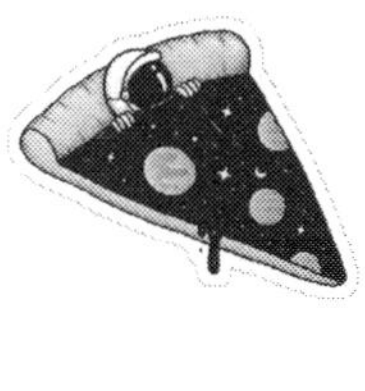

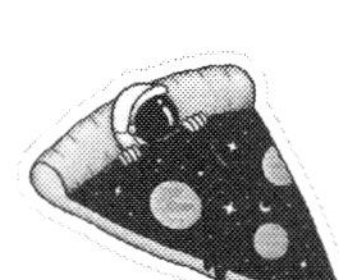

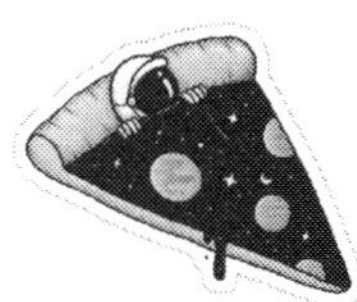

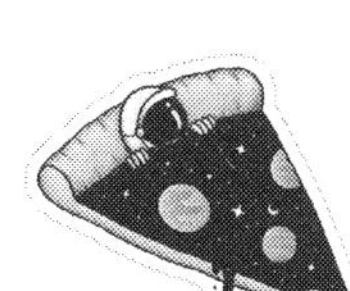

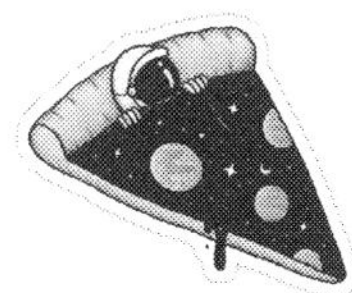

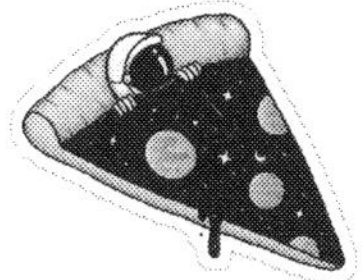

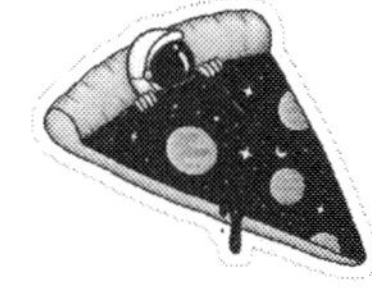

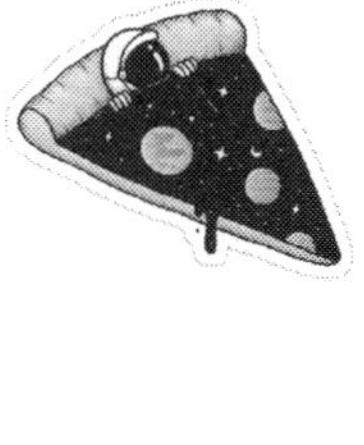

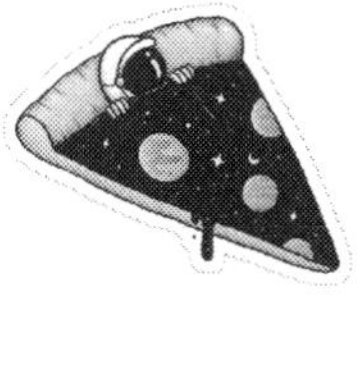

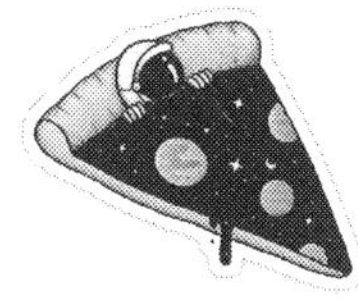

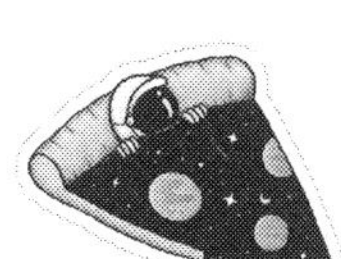

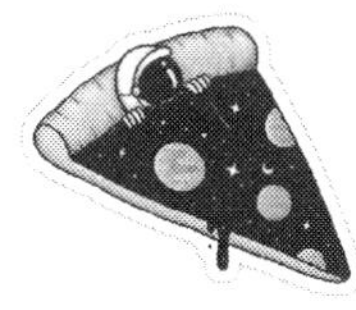

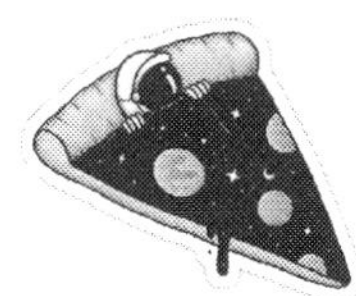

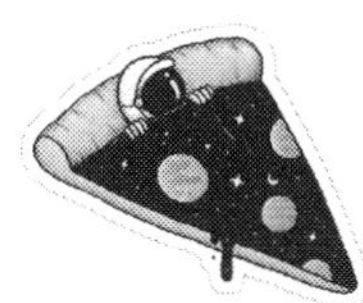

Printed by Amazon Italia Logistica S.r.l.
Torrazza Piemonte (TO), Italy

50224686R00116